Bibliografische Information der Deutschen Nationalbibliothek:

Die Deutsche Bibliothek verzeichnet diese Publikation in der Deutschen National-
bibliografie; detaillierte bibliografische Daten sind im Internet über http://dnb.d-
nb.de/ abrufbar.

Impressum:

Copyright © 2014 GRIN Verlag, Open Publishing GmbH
Druck und Bindung: Books on Demand GmbH, Norderstedt Germany
ISBN: 9783668475410

Dieses Buch bei GRIN:

http://www.grin.com/de/e-book/370162/auswirkungen-und-spaetfolgen-fuer-von-
sexueller-gewalt-in-der-familie-betroffene

Jennifer Siehms

Auswirkungen und Spätfolgen für von sexueller Gewalt in der Familie betroffene Kinder und Jugendliche in physischer und psychosomatischer sowie in psychischer und psychosozialer Hinsicht

GRIN Verlag

GRIN - Your knowledge has value

Der GRIN Verlag publiziert seit 1998 wissenschaftliche Arbeiten von Studenten, Hochschullehrern und anderen Akademikern als eBook und gedrucktes Buch. Die Verlagswebsite www.grin.com ist die ideale Plattform zur Veröffentlichung von Hausarbeiten, Abschlussarbeiten, wissenschaftlichen Aufsätzen, Dissertationen und Fachbüchern.

Besuchen Sie uns im Internet:

http://www.grin.com/

http://www.facebook.com/grincom

http://www.twitter.com/grin_com

Freie Universität Berlin

Fachbereich: Erziehungswissenschaft und Psychologie

Seminar: Intervention und Lehren

WiSe 2013/14

Wissenschaftliche Hausarbeit zum Thema:

Mögliche direkte Auswirkungen und Spätfolgen für von sexueller Gewalt in der Familie betroffene Kinder und Jugendliche in physischer und psychosomatischer sowie in psychischer und psychosozialer Hinsicht

vorgelegt von:

Jennifer Siehms

5. Semester

Berlin, den 07.03.2014

Inhaltsverzeichnis:

1. Einleitung

Jedes Jahr erfahren 200.000 bis 300.000 Kinder in Deutschland sexuelle Gewalt (Dunkelziffer), das bedeutet, durchschnittlich wird alle zwei Minuten ein Kind sexuell misshandelt. Im Durchschnitt befindet sich demnach in jeder Kindergartengruppe und in jeder Schulklasse ein betroffenes Kind (vgl. http://www.gegen-missbrauch.de [1], S. 3). Die Mehrzahl von ihnen wird im familiären Kontext sexuell misshandelt. „Familie ist leider nicht nur ein Ort von Sicherheit und Geborgenheit, sondern auch der von Gewalt, vor allem von Gewalt gegen Kinder" (Bundesministerium für Familie, Senioren, Frauen und Jugend, S. 6). Sexuelle Gewalt in Familien ist ein hochaktuelles Thema, weit über die Hälfte aller Misshandlungsfälle geschieht innerhalb der Familien (vgl. http://www.gegen-missbrauch.de [2]). Dennoch wird das Thema nach wie vor zu sehr tabuisiert und es wird zu wenig darüber gesprochen. Entzündet wird die öffentliche Diskussion und Aufmerksamkeit an dem Thema leider meist immer noch nur durch spektakuläre Einzelfälle, die aufgedeckt werden. Es wird von vielen immer noch angenommen, Kinder seien vor allem Opfer fremder Männer, dabei gehören die Täter fast immer zum Familien- oder Bekanntenkreis (vgl. Enders 1998, S. 14).

Über die vielfältigen und weitreichenden Auswirkungen der sexuellen Gewalterfahrungen im Kindes- und Jugendalter, unter denen Betroffene teilweise ein ganzes Leben lang zu leiden haben, ist sich jedoch kaum jemand bewusst und es wird nicht ausreichend öffentlich thematisiert und Aufklärungsarbeit geleistet.

Die vorliegende Arbeit setzt sich mit den möglichen Folgen sexueller Gewalterfahrungen bei Kindern und Jugendlichen in der Familie auseinander. Sie soll Antworten liefern auf die wichtige Frage: „Welche möglichen direkten Auswirkungen und Spätfolgen für von sexueller Gewalt in der Familie betroffene Kinder und Jugendliche bestehen in physischer und psychosomatischer sowie psychischer und psychosozialer Hinsicht?" Hierzu wird sich zunächst dem Begriff der sexuellen Gewalt angenähert (2 und 2.1) und anschließend werden Besonderheiten der sexuellen Gewalterfahrung durch Familienmitglieder hervorgehoben (2.2). Darauf folgt der thematische Schwerpunkt „Folgen sexueller Gewalt für betroffene Kinder und Jugendliche" (3), gegliedert in mögliche direkte Auswirkungen (3.1) und mögliche Spätfolgen (3.2) für Opfer sexueller Gewalterfahrungen. In den Unterkapiteln wird spezifisch auf physische und psychosomatische (3.1.1 und 3.2.1) sowie psychische und psychosoziale (3.1.2 und 3.2.2) Folgen, jeweils bezogen auf direkte und langfristige Folgen, eingegangen. Den Abschluss bildet ein Resümee (4).

2. Sexuelle Gewalt

Die Diskussion über die Definition von sexuellem Missbrauch, sexueller Gewalt und sexueller Misshandlung an Kindern ist kein neues Thema. „[...] Denn schon immer wurden sexuelle Übergriffe und Gewalt gegen Kinder vor dem Hintergrund kultureller und ideologischer Unterschiede verschieden bewertet. So waren beispielsweise bis zur Renaissance sexuelle Kontakte von Erwachsenen zu Kindern keinesfalls verpönt. Erst die Bereitschaft, sich Kindheit vorzustellen, und die Einsicht, daß Kinder keine „kleinen Erwachsenen" sind, ließ das Verständnis dafür wachsen, daß Mädchen und Jungen besonderen Schutz brauchen" (Enders 1998, S. 327). Doch darüber, ab welcher Schwelle genau das Kindeswohl durch sexuelle Grenzüberschreitungen vonseiten Erwachsener gefährdet wird, ist sich die (Fach-)Öffentlichkeit bis heute nicht einig und darauf wird sich auch keine universelle Antwort finden lassen (vgl. Enders 1998, S. 327).

2.1 Definition

Die Formulierung „sexuelle Gewalt" (auch: sexualisierte Gewalt) ist nicht die verbreiteste. Häufiger wird von „sexuellem Missbrauch" gesprochen, obwohl dieser Begriff suggeriert, dass es auch einen richtigen sexuellen Gebrauch bei Kindern – im Gegensatz zu dem Missbrauch – geben könnte (vgl. Mertens/Pankofer 2011, S. 34). Aus diesem Grund sind die Formulierungen „sexuelle Gewalt" oder „sexuelle Misshandlung" als korrekter und eindeutiger anzusehen, auch wenn sie häufig synonym zu „sexuellem Missbrauch" verwendet werden. Obwohl der Ausdruck „sexueller Missbrauch" der juristischen Terminologie entspricht und sich auch in der Wissenschaft durchgesetzt hat (vgl. Bange/Deegener 1996, S. 9), wird er in der vorliegenden Arbeit ausschließlich in Zitaten zu finden sein, ansonsten werden die Begriffe „sexuelle Gewalt" und „sexuelle Misshandlung" verwandt.

Es gibt nicht **die eine** allgemeingültige Definiton von sexueller Gewalt, allein schon durch die genannte Vielfalt der Begriffe hierfür, die durch die Begriffswahl unterschiedliche Schwerpunkte in der Bedeutung legen können. Sexuelle Gewalt lässt sich der Oberkategorie „Kindesmisshandlung" zuordnen. Gemäß Birgit Mertens und Sabine Pankofer werden „grundsätzlich [...] vier verschiedene Formen der Kindesmisshandlung unterschieden:

- körperliche oder physische Misshandlung
- seelische oder psychische Misshandlung
- Vernachlässigung
- sexuelle Misshandlung oder sexuelle Gewalt" (Mertens/Pankofer 2011, S. 26).

Allerdings ist diese Form der Einteilung idealtypisch und nicht trennscharf. Oftmals treten die

2

verschiedenen Formen der Kindesmisshandlung in Kombination auf oder lassen sich nicht eindeutig einer der Katergorien zuordnen (vgl. Mertens/Pankofer 2011, S. 26).

Sexuelle Gewalt an Kindern meint „jede Form von sexueller Aktivität, die von Erwachsenen gegenüber einem Kind ausgeübt wird, also auch Sexualität, die ohne manifeste Gewalt und körperlichen Zwang oder Drohung und angeblich einverständlich mit den Kindern stattfindet" (Hentschel. In: Heusohn/Klemm 1998, S. 23). Sexuelle Gewalt stellt immer eine Form der Kindesmisshandlung dar, auch wenn die sexuelle Aktivität noch so gewaltlos erscheinen mag (vgl. Hirsch. In: Finger-Trescher/Krebs 2000, S. 78). Kinder sind aufgrund ihres Unwissens, ihrer Unerfahrenheit und ihrer anderen psychosexuellen Entwicklungsstufe nicht in der Lage, beurteilen zu können, wer für sie der „richtige" Sexualpartner ist. Kinder können in keinem Fall gleichberechtigte Sexualpartner von Erwachsenen sein, da sie in vielerlei Hinsicht (zum Beispiel emotional, rechtlich und finanziell) von diesen abhängig sind und daher ein großes Beziehungs- und Machtgefälle zwischen ihnen besteht, was die Kinder in eine Abhängigkeitsposition versetzt. Die gewaltausübende Person nutzt demnach seine Machts- und Autoritätsposition über das Kind aus (vgl. Deegener 1998, S. 22 f).

Man unterscheidet „weite" und „enge" Definitionen. Während „weite" Definitionen alle für das Kind potentiell schädlichen Handlungen, als auch sexuelle Handlungen ohne direkten Körperkontakt wie Exhibitionismus oder das Zeigen von pornographischen Materialen zur sexuellen Gewalt zählen, beziehen die „engen" Definitonen nur bereits als schädlich identifizierte Handlungen, also Handlungen mit Körperkontakt, ein (vgl. Wetzels 1997, S. 62). Sexuelle Misshandlung von Kindern und Jugendlichen meint also nicht nur den genitalen Koitus, sondern viel mehr jede Handlung eines Erwachsenen mit der Absicht, ein Kind zur eigenen sexuellen Erregung zu benutzen (vgl. Hirsch. In: Finger-Trescher/Krebs 2000, S. 78).

Für die Definition von sexueller Misshandlung ist auch der Altersunterschied zwischen Opfer und Täter von Bedeutung, um besser einschätzen zu können, ob sexuelle Handlungen gewollt sein können oder ungewollt sind bzw. die psychsosexuelle Entwicklung von Opfer und Täter weit auseinander liegt. In verschiedenen Untersuchungen wird ein Altersunterschied von fünf Jahren zwischen dem Opfer und dem Täter als Definitionskriterium angesehen. Demnach ist jeder sexuelle Kontakt zwischen einem Kind und einer mindestens fünf Jahre älteren Person als sexuelle Gewalt zu definieren (vgl. Bange/Deegener 1996, S. 102). In der vorliegenden Arbeit soll es ausschließlich um die sexuelle Gewalt vonseiten erwachsener Familienmitglieder an Kindern gehen, weshalb der Altersunterschied in der Definiton hierfür irrelevant ist. Von Bedeutung ist jedoch die Schwelle zwischen Kindes- und Erwachsenenalter, da es in der Arbeit um die sexuelle Gewalt an Kindern und Jugendlichen gehen wird. Die Grenze zum Erwachsenen wird in den meisten Studien bei 16 Jahren gelegt, das heißt es werden nur sexuelle Übergriffe, die ein Mensch vor seinem 16.

Lebensjahr erlebt, zur sexuellen Kindesmisshandlung gezählt (vgl. Bange/Deegener 1996, S. 105).

2.2 Besonderheiten sexueller Gewalt in der Familie

Insbesondere sexuelle Gewalterfahrungen durch die eigene Familie führen bei den betroffenen Kindern und Jugendlichen zu vielfältigen Konflikten, Ängsten und emotionalen Belastungen. Intrafamiliäre sexuelle Misshandlung wird in den meisten Fällen durch Väter oder Stiefväter durchgeführt, aber es gibt auch Mütter als (Mit-)Täterinnen. In der vorliegenden Arbeit wird nur die männliche Form des „Täters" der besseren Lesbarkeit halber verwendet, auch wenn man sich natürlich dessen bewusst sein muss, dass es auch Täterinnen gibt. Oft sind auch Verwandte, die nicht zur eigenen Kernfamilie gehören, wie ein Onkel oder der Großvater, die Täter. Im Kontext dieser Arbeit soll es schwerpunktmäßig um die sexuelle Misshandlung durch die eigenen Eltern oder ein Stiefelternteil gehen, da diese den Kindern normalerweise am nächsten stehen und sie gemeinsam in einem Haushalt leben.

Sexuelle Gewalt in der Familie „bedeutet eine Form von traumatischer Gewalt, die die körperlich-sexuellen sowie psychischen Grenzen des sich in der Entwicklung befindenden Kindes überrollt" (Hirsch. In: Finger-Trescher/Krebs 2000, S. 77). Die Misshandlung durch eine Vertrauensperson stellt einen enormen Vertrauensbruch dar und führt zur Sexualisierung der Beziehung (vgl. Hentschel. In: Heusohn/Klemm, S. 33). Die Kinder erfahren dort einen schwerwiegenden Vertrauensbruch, wo sie eigentlich am meisten vertrauen und wo sie sich am sichersten fühlen sollten. Bei den betroffenen Kindern können starke Loyalitätskonflikte gegenüber dem missbrauchenden Elternteil entstehen. Für die Kinder ist der Elternteil eine Autorität, der sie gelernt haben, nicht zu widersprechen und das zu tun, was von ihnen verlangt wird. Der Täter spielt eine wichtige Rolle im Leben des Kindes, auch durch die emotionale und soziale Abhängigkeit des Kindes von seinen Eltern. Sexuell misshandelte Kinder können unter der Angst leiden, ihre Kernfamilie zu verlieren, da sie fürchten, in ein Heim oder eine Pflegefamilie zu kommen, wenn sie jemandem von den Misshandlungen erzählen. Besonders stark können solche Ängste nach bereits vorangegangenen Trennungserfahrungen, zum Beispiel die Scheidung der Eltern, ausgeprägt sein. Die Täter machen den Kindern oftmals so große Angst und setzen sie unter Druck, dass die Opfer oft lange Zeit über das schweigen, was ihnen angetan wird. Außerdem haben viele Missbrauchsopfer das Gefühl oder die Angst, mitschuldig zu sein, da sie sich nicht gewehrt haben oder vielleicht teilweise auch angenehme körperliche Gefühle dabei erlebt haben (vgl. Deegener 1998, S. 82 ff). Aus den genannten Gründen bleibt sexuelle Gewalt in Familien oftmals sehr lange oder für immer unentdeckt.

4

Insgesamt gibt es keine anderen Folgen für Opfer, die sexuelle Gewalt innerhalb der Familie erfahren haben, als solche die sie außerhalb erlebt haben. Deshalb sind die in den folgenden Kapiteln genannten Auswirkungen allgemein gültig und auch auf Opfer außerfamiliärer sexueller Gewalterfahrungen übertragbar. Jedoch kann, wie bereits erwähnt, die Misshandlung durch ein Familienmitglied besondere Konflikte und Ängste bei dem Betroffenen auslösen und kann somit psychisch möglicherweise schwerwiegender sein, als der Missbrauch durch einen Fremden. Auch ist die sexuelle Misshandlung durch Familienmitglieder fast immer ein längerandauernder Prozess, der sich oft über Jahre hinzieht, während es sich bei fremden Tätern in der Regel „nur" um einen einmaligen Übergriff handelt (vgl. Bange/Deegener 1996, S. 133).

3. Folgen sexueller Gewalt für betroffene Kinder und Jugendliche

Die Auswirkungen sexueller Gewalterfahrungen können sehr unterschiedlich sein. Man kann bei den Folgen der sexuellen Gewalt in direkte Auswirkungen, die also unmittelbar durch die andauernde Misshandlung bei dem Kind auftreten und in Spätfolgen, die erst Jahre später im (frühen) Erwachsenenalter auftreten, unterscheiden.

Viele der im folgenden aufgeführten Symptome können auch Folgen anderer Ursachen sein, beispielsweise emotionaler Kindesmisshandlung, Kindesvernachlässigung oder Konflikte mit Spielkameraden. Im Einzelfall ist es natürlich äußerst wichtig, die genauen Ursachen der jeweiligen Auffälligkeiten genau zu ergründen und keine voreiligen Schlüsse zu ziehen (vgl. Enders 1998, S. 75).

3.1 Mögliche direkte Auswirkungen

Die Folgen sexueller Gewalterfahrungen können sehr unterschiedlich sein. Es gibt keine spezifischen Auswirkungen, die mit aboluter Sicherheit die Folge sexueller Misshandlung sind, es besteht vielmehr eine große Spannweite möglicher Folgen. Bei etwa einem Drittel der missbrauchten Kinder werden laut wissenschaftlicher Untersuchungen keine Symptome gefunden. Die Symptomlosigkeit kann unter anderem erklärt werden durch wenig intensiv erlittenen Missbrauch, durch Messinstrumente, die die speziellen Folgen von sexueller Gewalt nicht angemessen zu erfassen vermögen, durch Verdrängungsprozesse, durch sogenannte „schlafende Effekte", die sich erst zu einem späteren Zeitpunkt entwickeln, durch positive soziale Unterstützung oder durch mangelnde moralische und gedankliche Bewertungsmöglichkeiten des Missbrauchs, z.B.

bei sehr jungen oder geistig behinderten Opfern (vgl. Deegener 1998, S. 125 f). Die folgend genannten Symptome sind mögliche direkte Folgen von sexueller Misshandlung, die einzeln oder in Kombination auftreten können. Sie beziehen sich im allgemeinen sowohl auf betroffene Kinder als auch Jugendliche, sofern nicht anders vermerkt.

3.1.1 Physische und psychosomatische direkte Auswirkungen

Zu den möglichen direkten Auswirkungen sexueller Misshandlung in physischer Hinsicht gehören körperliche Verletzungen, wie striemenartige Spuren an der Innenseite der Oberschenkel, Bisswunden, Hämatome in erogenen Zonen und Verletzungen im Genitalbereich (vgl. Enders 1998, S. 75). Doch einige Formen der sexuellen Gewalt, wie z.B. Exhibitionismus oder der Zwang zur Masturbation des Erwachsenen, hinterlassen keinerlei sichtbare physische Spuren an dem Kind (vgl. Enders 1998, S. 16).

Kinder entwickeln oftmals gewisse Fähigkeiten, um die Gewaltsituation mit möglichst geringem Schaden zu überleben, häufig geschieht das durch Verdrängung, was sich in psychosomatischen Auswirkungen zeigen kann. Hierzu zählen Schlafstörungen, weil sich die Opfer durch die Gewalterfahrungen im eigenen zu Hause nicht mehr sicher fühlen, Sprachstörungen und Legasthenie (bei Kindern), Hauterkrankungen wie Ekzeme und Allergien. Auch Bauch- und Unterleibsschmerzen kommen vor, schon kleine Mädchen können Blutungen bekommen, auch eine ungewöhnlich frühe Schambehaarung und Entwicklung der Brust können eine Reaktion des Körpers durch hormonelle Veränderungen sein. Bettnässen und Einkoten (bei Kindern) und Migräne, sowie Asthma, Mager- oder Esssucht sind bekannte Folgen sexueller Misshandlung. Esssucht ist sogar eine der häufigsten Widerstandsformen, da die betroffenen Kinder und Jugendliche hoffen, durch zusätzliches Körpergewicht unattraktiv zu werden, so dass der Täter von ihnen lässt (vgl. Enders 1998, S.76 ff).

Generell gehört die Vernachlässigung der Hygiene und des Aussehens zu den möglichen Folgen von sexuellen Gewalterfahrungen, da die Opfer auf diesem Weg versuchen, durch ein abstoßendes Äußeres nicht mehr attraktiv zu wirken und den Täter so auf Distanz zu halten (vgl. Deegener 1998, S. 99).

3.1.2 Psychische und psychosoziale direkte Auswirkungen

Zu den direkten emotionalen Reaktionen von Opfern sexueller Gewalt gehören verschiedene

Formen von Ängsten, zum Beispiel vor Autoritätspersonen, vor bestimmten Personentypen oder Räumen. Hinzu können aggressiven Verhalten, Scham- und Schuldgefühle, ein geringes Selbstwertgefühl kommen. Zwanghaftes Verhalten, wie zwanghaftes Hände waschen oder Zähne putzen, kann in vielen Fällen Rückschlüsse auf die Handlungen des Täters liefern, das Opfer musste den Täter möglicherweise mit den Händen oder oral befriedigen. Auch autoaggressives Verhalten ist eine mögliche Folge sexueller Gewalterfahrungen. Viele Opfer richten auf diesem Weg ihre Wut und Ohnmacht, die eigentlich dem Täter gilt, gegen sich selbst. Dazu gehören beispielsweise Drogen- und Alkoholabhängigkeit und Selbstverstümmelung (eher bei Jugendlichen) (vgl. Enders 1998, S. 78 ff).

Sexuelle Misshandlung kann auch auf das soziale Verhalten vielfältige Auswirkungen haben. Sexualisiertes Verhalten, was zum Beispiel in Form von übermäßiger Masturbation oder auch sexueller Verfolgung anderer Kinder oder sogar sexualisierter Kontaktsuche Erwachsenen gegenüber zum Ausdruck kommt, ist ebenso eine häufige Folgereaktion auf sexuelle Gewalt, insbesondere bei jüngeren Kindern (vgl. Hirsch. In: Finger-Trescher/Krebs 2000, S. 83).

Häufig ziehen sich die Misshandlungsopfer stark zurück und fallen als Einzelgänger, z.B. in der Schule, auf. Distanzloses Verhalten kann ebenso eine Folgeerscheinung sein, denn das betroffene Kind hat durch die frühe sexuelle Misshandlungserfahrung möglicherweise nie gelernt, die eigenen Grenzen und die anderer Personen zu spüren und zu respektieren, da der Täter seine Grenzen missachtet hat. Auch das Weglaufen aus dem Elternhaus, oftmals ohne Ziel, ist eine mögliche Folge der sexuellen Gewalterfahrungen in der eigenen Familie. Es ist auch nicht ungewöhnlich, dass die Kinder im Spiel zum Beispiel mit Puppen eine Wiederholung dessen ausdrücken, was sie selbst erlebt haben und nicht in Worte fassen können (vgl. Enders 1998, S. 80 ff). „Die zu frühe, unverstandene Sexualisierung des Verhaltens und Erlebens kann sich auch in Zeichnungen ausdrücken (z.B. Bilder, auf denen die Strichmännchen nur noch mit Penis dargestellt werden). Weiter können die Kinder eine sexualisierte, nicht alstersgemäße Sprache aufweisen, durch vermehrte Doktorspiele auffallen. [...] Bei mißbrauchten Jungen besteht [...] die Gefahr, daß Sie ihr sexualisiertes Verhalten aggressiv ausleben und dann Jüngere sowie Schwächere ihrerseits mißbrauchen" (Deegener 1998, S. 105 f).

3.2 Mögliche Spätfolgen

Sexuelle Misshandlung kann schwere Langzeitfolgen hervorrufen. Die Opfer leiden häufig ihr ganzes Leben seelisch sowie körperlich an den Folgen der sexuellen Gewalterfahrungen. Die Spätfolgen sind vor allem abhängig davon, wie viele Unterstützung das von sexueller Gewalt betroffene Kind bzw. der betroffene Jugendliche erhalten hat. Von Bedeutung ist auch die Dauer des Missbrauchs ebenso wie die Familiendynamik und die (emotionale) Nähe des Opfers zum Täter. Besonders groß sind die Auswirkungen sexueller Gewalterfahrungen in der Kindheit und Jugend auf die sexuelle Entwicklung, das sexuelle Erleben und das eigene Sexualleben als Erwachsener (vgl. http://gewalt-im-jhh.de, S. 8 f).

3.2.1 Physische und Psychosomatische Spätfolgen

Die häufig unverarbeitete, emotional schwer belastende Erinnerung an die sexuelle Misshandlung schlagen sich teilweise noch viele Jahre später in körperlichen Symptomen nieder. Das sind häufig Kopf- oder Unterleibsschmerzen sowie eine hohe Infektanfälligkeit (vgl. http://gewalt-im-jhh.de, S. 13). „Wer früh im Leben misshandelt oder sexuell missbraucht wurde, ist als Erwachsener anfälliger für chronische anhaltende Schmerzstörungen, Erkrankungen der Herzkranzgefäße und Diabetes Typ-2. Selbst das Erbgut kann durch solch einschneidende Erlebnisse Schaden nehmen. Als Erwachsene leidet mehr als die Hälfte der Betroffenen unter den Symptomen einer posttraumatischen Belastungsstörung" (http://www.zeit.de).

3.2.2 Psychische und psychosoziale Spätfolgen

Zu den häufigsten Langzeitfolgen gehört eine gestörte Beziehungsfähigkeit, vor allem bedingt durch eine gestörte Sexualität und die Verletzung des kindlichen Urvertrauens. Besonders schwerwiegend sind die Folgen für die Sexualität, da es vielen Opfern nie möglich ist, ein normales erfülltes Sexualleben zu führen und dies vor allem durch die psychischen Folgen des Missbrauchs zu erklären ist. Zu den Folgen gehören sexuelle Funktionsstörungen sowie die Angst vor körperlicher Nähe und Intimität, was sich enorm auf das Sozialleben der Betroffenen auswirken kann, wenn sie dadurch beispielsweise nicht in der Lage sind, eine dauerhafte Beziehung zu führen. Aufgrund der negativen sexuellen frühen Erfahrungen werden Sexualität und intime Beziehungen mit Scham, Ekelgefühlen, Schmerzen und Erniedrigung verbunden. Bei den Opfern kann sich dies im Jugendlichen- und Erwachsenenalter in den intimen sexuellen Beziehungen als Orgasmusschwierigkeiten, schmerzhaft erlebtem Geschlechtsverkehr und psychisch bedingtem Scheidenkrampf äußern. Spezielle Berührungen, Gerüche oder Worte können zu sogenannten Flashbacks, plötzlich wiederkehrenden Erinnerungen an die sexuelle Gewalterfahrung, führen. Dadurch kann es dazu kommen, dass auch in sehr liebe- und rücksichtsvollen Partnerschaften die

Intimität mit Abscheu erlebt und der Partner abgewehrt wird. Es ist auch nicht ungewöhnlich, dass nur noch Beziehungen zu Partnern eingegangen und als angenehm und befriedigend erlebt werden können, die dem anderen Geschlecht als der Täter angehören. Allgemein haben Betroffene oft Angst, nicht als Person geliebt zu werden, sondern nur als Objekt der Begierde betrachtet zu werden und ausschließlich der Befriedigung des Partners zu dienen (vgl. Deegener 1998, S. 106 f).

„Durch klinische Untersuchungen wurde nachgewiesen, dass ein Zusammenhang zwischen sexueller Gewalt in der Kindheit und Depressionen im Erwachsenenalter besteht" (Rachut 2004, S. 35). Weitere mögliche Langzeitfolgen sind zum Beispiel selbstverletzendes Verhalten wie Ritzen, und Suchtverhalten, wobei Drogen und Alkohol häufig der Selbstbetäubung dienen. Essstörungen sollen oftmals ebenso den Schmerz und die Probleme kompensieren. Entweder durch exzessives Essen, weil Essen ihnen ein wohliges Gefühl im Bauch gibt und immer greifbar ist oder aber durch Magersucht, welche vor allem durch Selbsthass zu erklären ist. Die Betroffenen quälen ihren Körper, ebenso wie es der Täter damals getan hat. Eine häufige Folge ist ein geringes Selbstwertgefühl, welches durch die Erniedrigung der sexuellen Misshandlung, den Drohungen zur Geheimhaltung und oftmals auch durch die Schuldgefühle, an den Misshandlungen selbst Schuld zu sein, zustande kommt. Die Opfer fühlen sich in Folge der sexuellen Gewalterfahrungen klein, schmutzig, schutz- und wertlos. Dadurch kann oftmals kein normales Selbstwertgefühl entwickelt werden. Auch Alpträume, die oft mit der Misshandlung zu tun haben, sind keine Einzelfälle. Viele Opfer haben schon Angst davor, abends einzuschlafen, weil die Träume beängstigend sind und ihnen die Bilder nicht mehr aus dem Kopf gehen. Auch Panikattacken und Angstzustände sind eine sehr weitverbreitete Auswirkung sexueller Gewalterfahrungen. Es handelt sich dabei um eine irrationale Angst, die ein normales Leben erschwert oder gar verhindert. Durch die Angstzustände und Panikattacken kann es sogar soweit kommen, dass sich die Person völlig aus dem sozialen Leben zurückzieht. Manche können ihre Wohnung nicht mehr verlassen, verlieren den Kontakt zu Freunden und dem Rest der Außenwelt. Hierdurch kommen noch Existenz- und Zukunftsängste hinzu, da die Betroffenen teilweise nicht einmal mehr zur Arbeit gehen können. Es kann zu Suizidgedanken und -versuchen kommen. Fachliche Hilfe, um den Menschen wieder ein normales Teilnehmen am sozialen Leben zu ermöglichen, ist unerlässlich (vgl. http://gewalt-im-jhh.de, S. 13 ff).

4. Resümee

Es ist eine traurige Tatsache, dass es für viele Frauen und Männer zu ihrer Lebensgeschichte gehört, als Kind oder Jugendlicher sexuelle folgenschwere Gewalterfahrungen erlebt zu haben und dass das

Thema der sexuellen Gewalt an Kindern trotz vieler engagierter Initiativen, Buchveröffentlichungen, Medienberichten und öffentlichem Interesse auf der individuellen Ebene oftmals immer noch tabuisiert wird (vgl. Bange/Deegener 1996, S. 207).

Die in dieser Arbeit genannten möglichen Folgen sexueller Misshandlung können bei weitem nicht das gesamte Spektrum an möglichen Auswirkungen abdecken, doch ein Überblick konnte gegeben werden und es wurde deutlich, wie vielschichtig die Folgen in physischer und psychosomatischer wie auch in psychischer und psychosozialer Hinsicht für die Opfer sein können. Da jedoch jede sexuelle Gewalterfahrung anders abläuft und seine individuelle Dynamik hat und jedes Kind bzw. jeder Jugendliche anders darauf reagiert, können daraus ganz verschiedene Folgen in unterschiedlicher Ausprägung entstehen (vgl. Rachut 2004, S. 51).

Es wurde deutlich, dass sexuelle Gewalterfahrung, insbesondere in intrafamiliärer Form, die kindliche Entwicklung massiv beeinflusst und beeinträchtigt und als Ursache für die Entstehung mehrer psychischer und psychosomatischer Symptomkomplexe bekannt ist (vgl. Hirsch. In: Finger-Trescher/Krebs 2000, S. 77).

Literaturverzeichnis:

Bange, Dirk; Deegener, Günther (1996): Sexueller Missbrauch an Kindern - Ausmaß Hintergründe Folgen. Weinheim. Psychologie Verlags Union

Bundesministerium für Familie, Senioren, Frauen und Jugend (1995): Keine Gewalt gegen Kinder - Signale sehen - Hilferufe hören. Bonn. J. P. Bachem GmbH & Co. KG

Deegener, Günther (1998): Kindesmißbrauch erkennen, helfen, vorbeugen. Weinheim und Basel. Beltz

Enders, Ursula (Hrsg.) (1998): Zart war ich, bitter war's - Handbuch gegen sexuelle Gewalt an Mädchen und Jungen. Köln. Kiepenheuer & Witsch

Hentschel, Gitti: Sexuelle Gewalt gegen Kinder als Spiegelbild einer gewaltbereiten Gesellschaft, In: Heusohn, Lothar; Klemm, Ulrich (1998): Sexuelle Gewalt gegen Kinder. Ulm. Verlag Klemm & Oelschläger (S. 12-37)

Hirsch, Mathias: Sexueller Mißbrauch in seiner Bedeutung für die Entwicklung von Kindern und Jugendlichen. In: Finger-Trescher, Urte; Krebs, Heinz (Hrsg.) (2000): Mißhandlung, Vernachlässigung und sexuelle Gewalt in Erziehunsverhältnissen. Gießen. Psychosozial-Verlag. (S. 77-90)

Mertens, Birgit; Pankofer, Sabine (2011): Kindesmisshandlung. Paderborn. Verlag Ferdinand Schöningh

Rachut, Ellen; Rachut Siegfried (2004): Folgen sexueller Gewalt - Verstehen lernen, helfen lernen. Königstein/Taunus. Ulrike Helmer Verlag

Wetzels, Peter (1997): Gewalterfahrungen in der Kindheit. Baden Baden. Nomos Verlagsgesellschaft

Internetquellen:

www.gegen-missbrauch.de URL: http://www.gegen-missbrauch.de/images/content/immo/pdfs/ Kmb-Folgen.pdf [1] und URL: http://www.gegen-missbrauch.de/familie [2] [letzter Zugriff: 06.03.2014]

www.gewalt-im-jhh.de URL: http://gewalt-im-jhh.de/Erinnerungen_MB/Sexueller_Missbrauch _in_der_Kindheit_-_folgen.pdf; [letzter Zugriff: 06.03.2014]

www.zeit.de URL: http://www.zeit.de/wissen/gesundheit/2011-03/missbrauch-opfer-krankheiten [letzter Zugriff: 06.03.2014]